Affe

Horoskop

2024

Angeline A. Rubi und Alina A. Rubi

Unabhängig veröffentlicht

Einführung

Der chinesische Kalender ist uralt und komplex und wurde nie vereinfacht. Viele Kulturen haben den Mondkalender durch den Sonnenkalender ersetzt.

Der chinesische, islamische und hebräische Kalender richten sich nach den Mondphasen. Es ist ein kompliziertes System, da sie nicht nur von Mondzyklen bestimmt werden, sondern auch den Sonnenzyklus, den Jupiter- und den Saturnzyklus einbeziehen.

Die Chinesen sind der Ansicht, dass die universelle Energie durch ein Gleichgewicht bestimmt wird. Das Konzept von Yin und Yang ist der wichtigste Bestandteil dieses Gleichgewichts. Yin ist das Gegenteil von Yang und umgekehrt, aber zusammen ergeben sie ein völliges Gleichgewicht. Diese Energie findet sich in allem, was existiert, im Greifbaren und im Ungreifbaren.

Das Ying/Yang-Symbol ist in zwei Hälften geteilt, eine ist schwarz (Yin) und die andere weiß (Yang). Beide Teile sind in der Mitte durch eine Ellipse verbunden, die sie zu einer Kurve zusammenfügt. Ihre Farben, schwarz und weiß, bedeuten, dass es eine Dualität gibt, und dass die Existenz des einen unbestreitbar die Existenz des anderen voraussetzt. Im Inneren des Yin befindet sich ein Yang-Kreis, der symbolisiert, dass Dunkelheit immer Licht erfordert. Innerhalb des Yang finden wir einen Yin-Kreis, der anzeigt, dass wir innerhalb des Lichts immer Dunkelheit finden werden.

Die Ellipse, die sie miteinander verbindet, bedeutet, dass alles fließt, sich wandelt und entwickelt. Wenn eine dieser beiden Energien, Yin oder Yang, im Ungleichgewicht ist, ist unser Leben nicht ausgewogen, denn gemeinsam stärken sie sich gegenseitig. Wir sollten nie denken, dass eine Energie der anderen überlegen ist, beide müssen gleichberechtigt zusammenwirken.

Leider gibt es in unserer Gesellschaft die Tendenz, die Yang-Energie zu bevorzugen, weil wir denken, dass ihre Eigenschaften die wichtigsten sind. Dadurch schaffen wir eine Trennung zwischen der spirituellen und der materiellen Ebene, denn indem wir den Wert der Yin-Energie herabsetzen, sind wir weniger nachdenklich und denken, dass Anfälligkeit etwas Negatives ist, weil sie Zerbrechlichkeit impliziert.

Das Gleiche geschieht mit der Dunkelheit, wir meiden sie nicht nur, sondern haben Angst vor ihr. Beide Energien sind wichtig. Wir können nur dann spirituelle Wesen sein, wenn es ein Gleichgewicht zwischen Yin und Yang gibt, denn wir sind nicht nur Licht, sondern auch dunkel. Es ist ein Fehler, das Starke, die Aktion, zu schätzen und zu bevorzugen. Wir müssen das Weibliche und die Sensibilität schätzen und wertschätzen, denn nur so können wir das wahre Gleichgewicht unseres Wesens erreichen, aus einer Position der Liebe und der Festigkeit.

In den Zeichen des chinesischen Tierkreises sind die Yin- und Yang-Energie vorhanden, und sie sind es, die die Eigenschaften jedes Tieres und die mit ihnen verbundenen Elemente bestimmen.

Die Yin-Energie ist mit dem Dunklen, Kalten, Weiblichen, Abstrakten, der Tiefe und dem Mond verbunden. Yin-Zeichen sind nachdenklich, sensibel und neugierig. Sie sind der Ochse, der Hase, die Schlange, die Ziege, der Hahn und das Schwein.

Die Yang-Energie ist mit Licht, Wärme, Oberflächlichkeit, der Sonne und logischem Denken verbunden. Es sind impulsive und materialistische Zeichen. Sie sind: Ratte, Tiger, Drache, Pferd, Affe und Hund.

Die Yin- und Yang-Energien sind mit den Elementen verbunden, die sich wiederum aus den Jahren ableiten, in denen sie auftreten. Jedes Element verfügt über Yin- und Yang-Energie.

- Die Jahre, die mit der Zahl **0** enden, haben das Element Metall und sind mit der Yang-Energie verbunden.

- Die Jahre, die mit der Zahl **1** enden, haben das Element Metall und sind mit der Yin-Energie verbunden.

- Jahre, die auf die Zahl **2** enden, haben das Element Wasser und sind mit der Yang-Energie verbunden.

- Jahre, die auf die Zahl **3** enden, haben das Element Wasser und sind mit der Yin-Energie verbunden.

- Die Jahre, die mit der Zahl **4** enden, haben das Element Holz und sind mit der Yang-Energie verbunden.

- Jahre, die auf die Zahl **5** enden, haben das Element Holz und sind mit der Yin-Energie verbunden.

- Die Jahre, die mit der Zahl **6** enden, haben das Element Feuer und sind mit der Yang-Energie verbunden.

- Die Jahre, die mit der Zahl **7** enden, haben das Element Feuer und sind mit der Yin-Energie verbunden.

- Die Jahre, die mit der Zahl 8 enden, haben das Element Erde und sind mit der Yang-Energie verbunden.

- Jahre, die mit der Nummer
- o **9** ihr Element ist Erde. und sind mit der Yin-Energie verbunden.

Allgemeine Vorhersagen für das Jahr des Drachen

Am 10. Februar 2024 beginnt das sensationelle Jahr des grünen Holzdrachen, und laut chinesischer Astrologie symbolisiert Grün Leben, Veränderung und Wachstum.

Der zugehörige Planet ist Jupiter, ein Planet, der sehr förderlich ist; wir werden die gesäten Früchte im Jahr 2023 ernten.

Das Jahr des Drachen 2024 wird uns Glück, Wohlstand, Wohlbefinden und Fortschritt bringen. Wir werden viele Möglichkeiten für Wachstum und Transformation haben, aber auch Herausforderungen und Komplikationen, die die Notwendigkeit von Vergebung, Einfühlungsvermögen und friedlichen Entscheidungen betonen.

In den Jahren, in denen das Element Holz ist, belohnt das Leben Menschen, die gesellig und professionell sind. Die Erlangung eines Abschlusses oder Reisen sind einige der Möglichkeiten in diesem Jahr.

Wir werden die Gelegenheit haben, unsere Führungsqualitäten zu entwickeln, es ist ein Jahr des Aufbruchs und der Schaffung von Strukturen, die langfristig Bestand haben.

Dieses Jahr des Drachen ist günstig für Veränderungen und Wachstum, da die Energie des hölzernen Drachens die Fähigkeit besitzt, neue Ideen zu inspirieren und unsere Fantasie zu beflügeln.

Wir werden einige Etappen erleben, die voller Schwierigkeiten sein werden, aber das sind die Momente, in denen wir die Energie des Drachens nutzen müssen, um erfolgreich zu sein und die Herausforderungen zu überwinden.

Vergessen Sie im Laufe des Jahres nicht, dass der Drache den Wandel und die Anpassungsfähigkeit verkörpert, Eigenschaften, die uns helfen werden, zu wachsen und uns zu erneuern.

Das Jahr 2024 wird ein ereignisreiches Jahr mit vielen Entwicklungsmöglichkeiten sein. Wir werden viele politische, wirtschaftliche, Beziehungs- und Umweltkonflikte erleben, die deutlich machen, dass friedliche Lösungen die Antwort auf jedes Problem sind.

Dieses Jahr wird uns anregen, neue Geschäfte zu machen und uns in der unternehmerischen Welt weiterzuentwickeln, denn die Energie des Drachen und seine Eigenschaften, mutig und ehrgeizig zu sein, werden uns inspirieren.

 Wir werden viele Anpassungsfähigkeiten entwickeln, und Geduld und Ausdauer werden es uns ermöglichen, alle Widrigkeiten zu überwinden und zum Erfolg zu gelangen.

Dies ist auch ein günstiges Jahr, um an unserem geistigen Wachstum zu arbeiten; es ist sehr wichtig, dass wir uns auf unsere Ziele konzentrieren.

Zusammenfassend lässt sich sagen, dass es ein Jahr mit positiven Veränderungen und bedeutenden Fortschritten in unserem Leben sein wird, in dem wir die Möglichkeit haben werden, Liebe zu finden, eine Beziehung zu stärken und wirtschaftlichen und geistigen Wohlstand zu haben.

Ursprung des chinesischen Horoskops

Das chinesische Horoskop hat eine mehr als 5000 Jahre alte Tradition und basiert auf dem Mondjahr.

Der Legende nach rief Buddha alle Tiere, doch nur zwölf folgten seiner Aufforderung in folgender Reihenfolge: die Ratte, der Ochse, der Tiger, das Kaninchen, der Drache, die Schlange, das Pferd, die Ziege, der Affe, der Hahn, der Hund und das Schwein.

Jedes Tier erhielt ein Jahr geschenkt und bildet den Zwölfjahreszyklus, der in der chinesischen Astrologie verwendet wird. Daher hat jedes Zeichen den Namen eines Tieres, und jedem Tier entspricht ein Jahr.

Jedem Tier wurde außerdem eines der fünf Elemente zugeordnet, die den planetarischen Energien entsprechen:

-   Wasser (Planet Merkur)
-   Metall (Planet Venus)
-   Feuer (Planet Mars)
-   Holz (Planet Jupiter)
-   Erde (Planet Saturn)

Das chinesische Horoskop drückt die Analogie der kosmischen Energien mit jedem Individuum aus. Aus diesem Grund wird die Energie jeder Person durch eines der zwölf Tiere repräsentiert, die dieses Tierkreiszeichen-System bilden.

Jedes Tier und die Energie, die Ihnen entspricht, werden durch Ihr Geburtsdatum bestimmt. Diese Energien bestimmen dein Verhalten und wie du die Welt wahrnimmst. Für die Chinesen symbolisieren diese Zeichen die bemerkenswertesten Eigenheiten unseres Charakters. Um die Bedeutung der Tiere richtig zu verstehen, müssen wir sie als spirituelle Symbole sehen.

Das chinesische Horoskop basiert nicht auf dem Sonnenzyklus, auf dem das westliche Horoskop basiert. Es basiert auf den Zyklen des Mondes. Jedes Mondjahr hat zwölf neue Monde und alle zwölf Jahre einen dreizehnten, daher fällt ein neues Jahr nie mit dem Datum des Vorjahres zusammen.

Die zwölf Tiere des chinesischen Horoskops beeinflussen das Leben, das Glück und den Willen eines jeden Menschen. Diese Qualitäten zeigen sich nicht offen im täglichen Leben, aber sie sind immer präsent und wirken in Form von verborgenen Kräften.

Die chinesische Zwölfjahresperiode ist mit dem Transit des Planeten Jupiter verbunden, und jedes chinesische Mondjahr entspricht in der westlichen Astrologie fast der Dauer des Transits von Jupiter durch ein Tierkreiszeichen. Jupiter befindet sich in der westlichen Astrologie immer in dem Zeichen, das traditionell dem Tier im chinesischen Horoskop entspricht.

Ihr Aszendent nach dem chinesischen Horoskop.

Zusammen mit Ihrem chinesischen Horoskop Zeichen haben Sie auch einen Aszendenten, der durch Ihre Geburtszeit bestimmt wird. Dieses Tier hat einen starken Einfluss auf das Bild, das Sie auf andere projizieren, und auf die Ereignisse in Ihrem Leben. Sie sollten auch das Horoskop für das Tier lesen, das Ihren Aszendenten repräsentiert.

Dieses Zeichen des Aszendenten symbolisiert die Energie, die Sie entwickeln können, und die Eigenschaften, die Sie sich mit Mühe aneignen können. Das ist der Grund, warum wir manchmal andere Eigenschaften haben als die, die mit unserem Zeichen verbunden sind.

Im chinesischen Horoskop ist es sehr einfach, Ihren Aszendenten zu bestimmen, die einzige Angabe, die Sie benötigen, ist Ihre Geburtszeit.

Geburtszeitpunkt Tier-Aszendent

23.00 Uhr bis 12.59 Uhr Rat

1.00 Uhr bis 2.59 Uhr Ochse

3.00 Uhr bis 4.59 Uhr Tiger

5.00 Uhr bis 6.59 Uhr Kaninchen

7.00 Uhr bis 8.59 Uhr Drache

9.00 Uhr bis 10.59 Uhr Schlange

11:00 Uhr bis 12:59 Uhr Pferd

13.00 Uhr bis 14.59 Uhr Ziege

15.00 Uhr bis 16.59 Uhr Affe

17.00 Uhr bis 18.59 Uhr Hahn

19.00 Uhr bis 20.59 Uhr Hund

21.00 Uhr bis 22. 59 p.m. Schwein

Chinesisches Element des Jahres 2024, Holz

Das Element des Jahres 2024 ist Holz. Holz ist ein kreatives Element. Wenn dieses Element aufgrund deines Geburtsjahres auf dich zutrifft, solltest du diese Energien kreativ kanalisieren.

Holz symbolisiert Mitgefühl und Toleranz. Wenn Sie sich diese Energien zunutze machen wollen, ist es wichtig, sich das ganze Jahr über mit natürlichen Pflanzen, Blumen und grünen Gegenständen zu umgeben.

Holz ist ein Element, das mit der Fähigkeit zu projizieren und Entscheidungen zu treffen zusammenhängt, daher wird das Jahr 2024 ein Jahr der Entwicklung, der Evolution und des Aufblühens sein.

Dieses Element steht in Verbindung mit Verdauung, Atmung, Herz und Stoffwechsel und sorgt in der traditionellen chinesischen Medizin für einen kontinuierlichen Energiefluss. In Bezug auf die Gefühle bedeutet dies, dass wir unsere Emotionen richtig ausdrücken.

Holz wird uns im Jahr 2024 helfen, Bewusstsein und Verständnis für die objektive Realität zu gewinnen. Es wird uns Festigkeit und Einfühlungsvermögen in unseren Beziehungen bringen.

Holz, das mit unserer Persönlichkeit zusammenhängt, wird uns die richtige Dosis an Enthusiasmus, Entschlossenheit und Dynamik bringen, damit wir in der Lage sind, zu handeln und alle Herausforderungen dieses Jahres zu meistern.

Holz ist das Element, das wir in diesem Jahr brauchen, um die notwendigen Entscheidungen treffen zu können, für Veränderungen, die wesentlich sind.

Dank dieses Elements werden wir über die richtigen Strategien und die Fähigkeit verfügen, alle Prozesse zu organisieren und zu

kontrollieren, aber wir werden auch flexibel
bleiben.

Obwohl dies das Element des Jahres 2024 ist,
müssen Sie, wenn Sie ein Unternehmen haben
und wollen, dass es floriert und wirtschaftlichen
Reichtum hat, die anderen Elemente
berücksichtigen.

Im Geschäftsleben ist **das Element Wasser** das
wichtigste Element, denn es steht für Überfluss,
Reichtum, Macht und die Fähigkeit, sein Geld zu
verwalten, anzuhäufen und zu sparen.

 Wasser darf nicht stagnieren. Es sollte nicht in
einer Vase stehen, wenn das Wasser nicht jeden
Tag gewechselt wird, denn wenn es stagniert,
wird der Gewinn geschmälert und die Kunden
vergrault.

Wasser muss fließen, damit Geld fließen kann.
Wenn Sie ein Schwimmbad haben, muss es
gereinigt werden, und wenn Sie einen
Springbrunnen haben, muss er den Kreislauf von
Ein- und Austritt des Wassers erfüllen. In einem
Fischbecken muss es sich bewegen und mit

Sauerstoff angereichert werden. In den Leitungen muss es fließen, mindestens einmal am Tag muss man es fließen lassen, indem man den Hahn öffnet.

Jedes Unternehmen muss das Element Wasser in Bewegung halten, sonst kann es keine Waren anhäufen oder sich weiterentwickeln.

Selbst wenn es sich nur um ein kleines Aquarium oder einen Behälter handelt, bei dem das Wasser täglich gewechselt wird.

Das Wasser sollte sich am Eingang des Unternehmens oder im nördlichen oder nordwestlichen Bereich des Unternehmens befinden, wo das Geld aufbewahrt wird oder wo die Verwaltung des Unternehmens stattfindet.

Das Element Feuer sollte in einem Unternehmen im Süden des Gebäudes platziert werden.

Sie kann am Eingang, am Ende oder an den Seiten des Gebäudes angebracht sein. Wenn es sich aber um ein Lebensmittelgeschäft handelt, kann es überall sein.

Feuer symbolisiert Beliebtheit und die Art von Überfluss, die sich nicht anhäuft, daher muss Wasser auf der gegenüberliegenden Seite des Feuers verwendet werden, denn Feuer zieht Kunden an, und Wasser hält den wirtschaftlichen Fluss aufrecht.

Das Element **Erde** ist ursprünglich, denn es ist die Basis, aus der sich alles speist.

Zwei verzierte Gefäße mit Trockenblumen oder ein Steinsockel können das Element Erde symbolisieren.

Die Erde muss in der Konstruktion vorhanden sein, aber auch in der Mitte des Raumes, oder im Südosten gelegen, weil es ist, wo es sich am besten zum Ausdruck bringt. Erde gibt Sicherheit, muss aber von Feuer im Süden und Wasser im Norden begleitet werden.

Die Erde ist stabil, formbar und das Spiegelbild des gesamten Planeten.

Wenn Sie ein Unternehmen gründen wollen, um zu überleben, genügt es, sich um das Element Erde zu kümmern.

Das Element Metall ist sehr dynamisch und aktiv und bietet vielfältige Möglichkeiten im Geschäftsleben. In der Vergangenheit wurde Metall in China als Gold angesehen.

Das Element Metall steht für Stärke und Macht, Kontinuität, Sicherheit und Reichtum,

Seine Position ist der Westen, und vergessen Sie nicht, dass Metall zusammen mit dem Kristall jede Einstiegs- und Ausstiegsposition eines Unternehmens stärkt.

Das Holzelement ist trotz seiner Zerbrechlichkeit die Grundlage der Konstruktion.

Holz sollte im Osten des Geschäfts platziert werden, aber es ist ratsam, es diametral zum Metall zu platzieren.

Metall im Westen, Holz im Osten, Feuer im Süden, Wasser im Norden und Erde in der Mitte, so dass Ihr Unternehmen immer erfolgreich sein wird.

Element Metall

Menschen, die in den Jahren geboren sind, die im chinesischen Horoskop auf 0 oder 1 enden, werden dem Metallelement zugeordnet. Metall, das Material, aus dem Schilde und Schwerter hergestellt werden, ist das Element, das Festigkeit und Ehrlichkeit, aber auch Strenge symbolisiert.

Metall ist das Element des Herbstes, der Jahreszeit der Ernte und des Überflusses. Es ist dual wie die Funktionen seines Elements, denn in Form eines Schwertes verflüssigt es, und als Löffel nährt es. Metall kommt aus der Erde, wird von Feuer beherrscht und verklärt Holz.

Die Persönlichkeit dieser Personen, die dem Metallelement angehören, neigt dazu, stark ambivalent zu sein. Sie kommen am besten zurecht, wenn sie allein sind, denn sie sind niemandem Rechenschaft schuldig.

Sie sind entschlossen, gestalten ihr Schicksal selbst, sind stur, professionell und gleichgültig gegenüber jedem Versuch eines Kompromisses. Ihre Freiheit steht an erster Stelle, und es ist sinnlos, sie unter Druck zu setzen, geschweige denn ihnen zu helfen, denn sie hören auf niemanden und akzeptieren keine Einmischungen und Hindernisse. Sie verlassen sich nur auf sich selbst und lassen sich von niemandem beeindrucken, denn sie sind mächtig und fähig, Großes zu vollbringen.

Für sie gibt es keine Schwierigkeiten, die sie aufhalten können, und selbst wenn eine Situation unhaltbar wird, leisten sie bis zum Ende Widerstand. Sie sind ehrgeizig und berechnend, sie lieben Geld, Macht und Erfolg und werden keine Mittel scheuen, um ihre Ziele zu erreichen, auch wenn das bedeutet, dass sie Beziehungen zerstören.

Sie eignen sich für Berufe, in denen sie ihr
Element zum Ausdruck bringen können:
Juweliere, Finanziers, Versicherungen jeglicher
Art, Schlosser, Bergleute, Chirurgen und für alle
Bereiche, in denen sie sich von anderen
unterscheiden können. Sie können auch in
Berufen erfolgreich sein, die mit Holz oder
Papier zu tun haben. Berufe, die mit Wasser zu
tun haben, sind vorteilhaft, Berufe, die mit Erde
zu tun haben, können zu Konflikten führen, und
von Berufen, die mit dem Element Feuer zu tun
haben, sollten sie sich fernhalten.

Sie sind nicht an Gefühlen interessiert und lassen
sich von den Schwierigkeiten anderer nicht
beeindrucken, bis hin zur Manipulation, wenn sie
sich einen Vorteil verschaffen können. Die
Leidtragenden sind vor allem die Menschen des
Holzelements, da es sie mit Frontalangriffen
manipuliert und unterdrückt. Die Menschen des
Wasserelements hingegen erhalten, da sie
empfänglich sind, einen wirksamen Anstoß, der
ihnen enorm zugutekommt. Die Einzigen, die sie
wirklich beugen können, sind Menschen, die dem

Feuerelement angehören, denn sie beherrschen ihre Unempfindlichkeit und Strenge mit einer ansteckenden Emotion.

Körperlich erkennt man einen Menschen des Metallelements an seinem traurigen Blick und der blutarmen Gesichtsfarbe. Sie sind zerbrechlich, anfällig für Stress und können durch Temperaturschwankungen und schlechte Ernährung beeinträchtigt werden. Deshalb sollten sie ihren Appetit anregen, wobei würzige Speisen im Vordergrund stehen sollten.

Die günstigste Jahreszeit für sie ist der Herbst, und in dieser Zeit können sie ihre Potenziale am besten entfalten, was aber nicht bedeutet, dass sie es übertreiben oder stur sein sollten. Er sollte weiße Kleidung tragen und Metalle und weißen Quarz als Amulette verwenden.

Metall ist starr und unnachgiebig und hat keine Angst vor Gefahren. Es ist eine unabhängige Art von Person, die, getrieben von Gier, geht mit Ausdauer, konzentriert sich auf den Erfolg, plant im Voraus, und verabscheut die spontane.

Wenn es einmal einen Weg eingeschlagen hat, ändert es ihn nicht mehr. Trotz ihrer äußeren Unempfindlichkeit strahlen Menschen dieses Elements eine Anziehungskraft aus, die von allen, mit denen sie in Verbindung stehen, wahrgenommen wird.

Um von ihren Fähigkeiten zu profitieren, müssen sie jedoch lernen, weniger dogmatisch zu sein, da dies ihre Beziehungen beeinträchtigt.

Menschen, die im Metallelement geboren sind, müssen sich erziehen, damit sie ihre Gefühle ausdrücken können. Wenn sie dies nicht tun, werden sie das Gefühl haben, dass ihre Energien vermindert sind.

Element Erde

Menschen, die in den Jahren geboren sind, die auf die Zahlen 8 oder 9 enden, gehören dem Erdelement an. Diesem Element entsprechen die Eigenschaften von Standhaftigkeit, Ausdauer und Fruchtbarkeit. Obwohl die Erde in der chinesischen Astrologie keine eigene Jahreszeit hat, ist sie im Kalender mit den letzten zwei oder drei Wochen der anderen Jahreszeiten verbunden.

Erde ist das Element, das für Stabilität und Greifbarkeit steht, aber bei einem Übermaß verwandelt es die Menschen in vorsichtige, misstrauische und starrköpfige Menschen und schränkt ihre Initiativen und Fantasien ein.

Der Mensch des Erdelements ist geduldig und bescheiden, arbeitet immer mit Beständigkeit, ohne sich einen Augenblick der Freude oder Unordnung zu gönnen. Er wird nie müde und kann ebenso eifrig und materialistisch wie naiv und umsichtig sein. Sein unbestreitbarstes Merkmal ist seine ausgeprägte Entmutigung. Er ist zu ernst, liebt es zu planen und zu lenken, ist entsetzt über Zufälle, und obwohl er intelligent ist und ein außergewöhnliches Gedächtnis hat, stört es ihn, glanzvoll zu erscheinen.

Unermüdlich nachdenklich, ehrgeizig und ängstlich, ist es so ausgesetzt, die Milz aufzuladen, ein Organ, das mit diesem Element verbunden ist und das geschwächt ist, wenn die Person eine scharfe Mentalität hat.

Die Person, die zu diesem Element gehört, zementiert persönliche Beziehungen allmählich, aber für eine lange Zeit erträgt. Es ist sehr hingebungsvoll und Verteidiger in der Liebe, immer bereit, Vertrag und erfüllen ihre Verantwortung, und obwohl es nicht demonstrativ in ihren Gefühlen ist eine Schulter, die immer aufgezählt werden kann, weil es an Ihrer Seite in den Momenten, die Sie brauchen es sein wird.

In ihrer Arbeit sind sie ernsthaft und zurückhaltend, aber auch organisiert und zuverlässig. Sie sind die richtigen Leute, um Geschäfte mit Moral, Sparsamkeit und feuerfester Ehrlichkeit zu führen. Ihr logisches Denken macht sie zu unschlagbaren Vermittlern bei Problemen, die mit ihren eigenen praktischen und günstigen Auswegen dazu beitragen. Sie eignen sich für Berufe, die Geschicklichkeit erfordern, aber keine Initiative erfordern, oder für Führungssituationen.

Obwohl sie wegen ihrer Launenhaftigkeit und Nostalgie und ihrer Unfähigkeit, fröhlich zu sein, nicht leicht zu ertragen ist, verbindet sie sich gut mit dem Metallelement, dem sie Stabilität verleiht, und mit dem Wasser, das sie geschickt zu bändigen und zu lenken weiß.
Es hat normalerweise Konflikte mit dem Holzelement, da es zwar schützt, aber manchmal

auch erstickt, und mit dem Feuer, das es sowohl antreibt als auch schwächt.

Das Erdelement ist mit dem Planeten Saturn verbunden. Sie müssen sehr vorsichtig sein mit dem Verzehr von Süßigkeiten, etwas, das Sie lieben, da es mit Ihrem Element verbunden ist. Sie sollten immer die natürliche Süßigkeit wählen und die Verwendung von weißem Zucker begrenzen, da dieser das Kalzium in ihrem Knochensystem zerstört. Sein anderer Schwachpunkt ist das Verdauungssystem, das ihn in der Regel stark bestraft, deshalb sollte er eine leichte und leicht verdauliche Ernährung einhalten. Es wird empfohlen, dass sie den direkten Kontakt mit Mutter Erde suchen, indem sie barfuß im Sand oder auf dem Feld laufen.

Seine Glücksfarbe ist gelb, und sein Quarz ist Topas und Citrin.

Die Erde steht für Wohlstand, Vernünftigkeit, Materialismus und Sicherheit. Diese Menschen neigen dazu, introspektiv zu sein, was ihnen eine große Fähigkeit zum Denken verleiht. Die Erde ist das Gefäß des Lebens und diese Siegel der unauslöschlichen Form zu denen unter dem Einfluss dieses Elements geboren, da sie stabile Menschen, in denen Sie delegieren können, sind.

Die Erde nährt sich vom Feuer und erzeugt eine große Energie, die Metall erhitzt und schmilzt, Wasser bändigen und von Holz verzehrt werden kann.

Um sich wohlzufühlen, braucht der Mensch des Erdelements materielle Sicherheit, obwohl er fleißig, formal und organisiert ist. Man kann ihnen vorwerfen, dass sie anmaßend sind, aber aufgrund ihrer Verdienste gehen sie langsam auf ihre Ziele zu und erzielen stabile Ergebnisse.

Element Feuer

Menschen, die in den Jahren geboren sind, die auf 6 oder 7 enden, entsprechen dem Feuerelement. Zu diesem Element gehören Leidenschaft, Mut und Führung. Das Feuerelement ist das Element der Sommersaison, in der alles fruchtbar wird und seine Vollendung findet. Es ist mit dem Planeten Mars verbunden, der wohltuend, aber manchmal impulsiv ist. Es ist übermäßig steril und symbolisiert die Person, die sich auszeichnet, aber auch andere schlecht behandelt. Kämpferisch, eitel und reizbar, geht die Person dieses Elements von Wut zu ungezügelter Freude über.

Seit seiner Kindheit hat er eine Führungspersönlichkeit, Ehrgeiz ist in seinem Leben präsent, er liebt Gefahren, Lachen, Begeisterung und Konflikte. Schwierigkeiten entmutigen ihn nicht, sondern spornen ihn an, weiterzumachen, und in diesen Fällen durchläuft er eine heftige Metamorphose.

Diese Menschen sind zum Gewinnen geboren, aber sie wissen nicht, wie sie es zugeben sollen, weil sie es nicht schaffen, sich selbst zu beobachten und ihre Energien zu nutzen. Sie sind großartig im militärischen Bereich, im Sport und als Chefs, da die anderen vor ihrem Charisma untergehen. Sie verstehen es, die Energien des Holzelements zu nutzen, indem sie ihre Genialität in den Dienst ihrer Sache stellen und in den Menschen des Erdelements den lebenswichtigen Mut zum Vorwärtskommen wecken.
Menschen, die dem Wasserelement angehören, neigen dazu, ihre Leidenschaft auszulöschen, und Menschen, die dem Metallelement angehören, stellen sie mit einer Starrheit auf die Probe, die ihr Energiefeld auslaugt.

Das am leichtesten geschädigte Organ bei diesen Menschen ist das Herz, es besteht die Möglichkeit einer Tachykardie. Darüber hinaus können sie von unrund Darmprobleme leiden. Sie sollten Kleidung in hellen Farben tragen, unter denen Rot überwiegt, und als Amulette Quarze wie Granate und Hämatit verwenden. Sie sollten auch Weihrauch und Kerzen verwenden.

Diese charismatischen, leidenschaftlichen und opportunistischen Menschen kommunizieren gut und sind handlungsorientiert. Ihr Egoismus und ihr Wunsch nach Erfolg sind unberechenbar und sie verlassen sich nur auf ihre eigenen Ansichten. Sie neigen dazu, Details zu vernachlässigen, da sie manchmal stur sind und Ziele anstreben, die intensive Arbeit erfordern.

Menschen, die unter dem Einfluss des Feuerelements geboren sind, sind positiv, geben immer ihr Bestes und engagieren sich in allem, was sie tun, mit Liebe und Willen. Ihre Energien dienen dazu, diejenigen um sie herum zu unterstützen, denen es daran mangelt.

Das Feuer heizt das Haus, es ermöglicht uns die Zubereitung von Speisen. Dieses Element nährt die Erde durch die Asche, es ernährt sich von trockenem Holz, d.h. Holz, seine Hitze beherrscht das Metall, d.h. es macht es flexibel, und es kann nur von Wasser beherrscht werden.

Eine Führungspersönlichkeit hat immer ein Übermaß an Feuerelementen und neigt dazu, schnelle Entscheidungen zu treffen. Er fühlt sich zu unkonventionellen Ideen hingezogen, hat keine Angst vor Gefahren und ist immer in Bewegung. Es ist wichtig, dass er emotionale Intelligenz erlernt, denn Arroganz kann seinen Egoismus verstärken und ihn unkontrollierbar machen, insbesondere wenn er auf Hindernisse stößt. Dieser selbstzerstörerische Stil ist vor allem in der Jugend ausgeprägt.

Der Erfolg begleitet die Menschen des Feuerelements, aber sie müssen sehr vorsichtig sein mit Instabilität und Unruhe, die die häufigsten Unzulänglichkeiten der Feuergeborenen sind. Es ist besser, diese Fehler zu beherrschen, um nicht von ihnen versklavt zu werden. Sie sollten sich einen ruhigen Ort suchen, an dem sie in Frieden leben können, und auch Meditation wird sie ins Gleichgewicht bringen.

Menschen mit dem Feuerelement sind hartnäckig und lukrativ.

Element Holz

Menschen, die in den Jahren geboren sind, die auf die Zahlen 4 oder 5 enden, gehören dem Element Holz an. Holz ist das Element, das Harmonie, Schönheit und Kreativität symbolisiert. Sie haben ein sehr hohes Maß an Selbstvertrauen und einen eisernen Willen, was sie zu den richtigen Menschen macht, um für eine gerechte Sache zu kämpfen.

Holz ist mit dem Planeten Jupiter verbunden, es ist das günstigste der Elemente, Symbol für Beständigkeit und Wissen. Anpassungsfähig biegt es bequem, und hat mehrere Anwendungen, die kommunikativ, geben und ehrliche Menschen zu charakterisieren.

Menschen mit dem Holzelement sind kreativ und vital, aber manchmal sind sie zerstreut und nicht in der Lage, ihren Weg zu finden und ihre Ziele zu erreichen. Sie vertrauen anderen bis hin zur Unschuld, sind gerne mit allen zusammen und entdecken immer neue Dinge, die sie preisgeben und sich selbst befriedigen können. Sie fühlen sich zur Natur und zu Kindern hingezogen und geben der Familie den Vorrang.

Gelegentlich neigen sie dazu, unrealistische Erwartungen zu stellen, ihren Körper herabzusetzen, zu viel zu essen und sich in Leidenschaft und Sinnlichkeit zu verlieren.

Sie sind es gewohnt, Partner aus dem Wasserelement zu wählen, von denen sie Mut und Unterstützung erhalten, und solche aus dem Feuerelement, die sie mit ihren brillanten Ideen versorgen.

Es verträgt sich nicht sehr gut mit dem Metallelement, das es gnadenlos zerstört.

Das Element Holz erkennt man an seiner grünlichen Farbe. Diese Menschen sollten sich um ihre Augen kümmern.

Holz wird verwendet, um Unterkünfte zu bauen, weshalb es uns schützt. Holz deckt sich mit der Kreativität des Wassers, und dank dieser Eigenschaft verstehen und helfen sie anderen.

Diejenigen, die unter dem Holz-Element geboren sind, haben innere Konflikte, um sich Regeln und Traditionen zu unterwerfen, wo strenge Urteile ständig in Kraft sind. Dieses Element nährt das Wasser und ist gleichzeitig Brennstoff für das Feuer. Seine Energie wird von der Erde aufgesaugt und vom Metall unterjocht.

Menschen mit dem Element Holz erringen immer große Erfolge und haben eine begehrte Struktur. Ihre Berufe sind vielseitig. Sie legen großen Wert auf Integrität und streben danach, einen festen Platz im Leben zu finden. Der Glaube an den Erfolg und ihre analytischen Fähigkeiten geben ihnen die Fähigkeit, auch die komplexesten Probleme ohne Zögern anzugehen. Mit einer unglaublichen Überzeugungskraft agieren sie in vielen Bereichen, da sie stets auf Entwicklung und Veränderung abzielen.

Ihr natürlicher Wille hilft ihnen, voranzukommen, und sie finden immer Unterstützung und das nötige Kapital, da andere Menschen auf ihre Fähigkeit zählen, Ideen in Wohlstand zu verwandeln.

Sein Haupthindernis ist es, die Dinge auf die Spitze zu treiben. Wut und unterdrückte Wut wirken sich absolut negativ auf die Energien dieses Elements aus. In der Nähe von Bäumen zu sein und sie zu berühren, gleicht das Holzelement aus.

Bei der Arbeit sind Menschen, die dem Element Holz angehören, ordentlich, intelligent und einfallsreich. In kommerziellen Aktivitäten sind sie mehr fruchtbar, wenn die Arbeit ist Teamarbeit, und ist gut strukturiert.

Kein Arbeitsbereich, der mit ihrem Element zu tun hat, ist ungünstig, aber diejenigen, die mit Feuer zu tun haben, können sie in gewissem Maße beeinträchtigen, und diejenigen, die mit Metall zu tun haben, werden sie ruinieren.

Element Wasser

Das unempfindlichste und gefühlloseste Element, das mit dem Winter, der Langlebigkeit und dem Planeten Merkur verwandt ist, ist der Herrscher der Kommunikation und der tiefen Zuneigung.

Ein Mensch mit dem Element Wasser ist sensibel, aber hermetisch. Er ist barmherzig, sentimental und zerbrechlich, hasst Kritik und entscheidet sich deshalb, im Verborgenen zu handeln, um sich zu schützen. Er ist herzlich, wortgewandt und gleichzeitig besonnen und weiß, wie man Rückschläge überwindet, ohne sich aufzuspielen, mit Gerissenheit, Scharfsinn und Ausdauer. Auf diese Weise erreicht er seine Ziele indirekt und im Stillen, wobei er den Eindruck erweckt, rücksichtsvoll und verständnisvoll zu sein.

Energiemangel ist ein Problem für das Wasserelement, wenn es nicht lernt, seine Ohnmacht mit der Kraft auszugleichen, die aus der Reflexion und der Kommunikation mit den tiefsten Teilen seines Wesens kommt. Panik ist immer die Leitschnur seines dramatischen Lebens, das oft in der Dunkelheit gelebt wird, aus Angst, sich zu zeigen und zu kämpfen.

Auf beruflicher Ebene ist er durch den Wettbewerb gehemmt, aber er leistet gute Arbeit an klaren und geschützten Orten wie Schulen, Buchhandlungen, Redaktionen oder überall dort, wo die Kommunikation, mündlich oder schriftlich, der primäre Mechanismus ist, und in der Gesellschaft von friedlichen Kollegen, die zu seiner Persönlichkeit passen, wie z.B. jemand vom Holzelement, mit dem der Wunsch nach Weisheit zusammenfällt, oder vom

Metallelement, von dem er Entscheidungen erhält. Umgekehrt passt er sich weder an das Feuerelement an, das er auslöscht und entmutigt, noch an Personen, die dem Erdelement angehören, bei denen er sich eingeschränkt, konditioniert und behindert fühlt.

Schwarz ist die Farbe, die sie begünstigt, aber sie sollten es mit Mäßigung verwenden, weil es dazu neigt, sie zu entmutigen. Das gleiche geschieht mit dunklem Quarz, die Glück anziehen, wie Jet, Onyx und Turmalin. Um das Beste aus seinen Qualitäten zu machen, ohne in die Extreme zu gehen, und um Streuung zu vermeiden, sollte die Person des Wasserelements seine Pläne im Winter beginnen.

In positiven Perioden vermitteln die Liebesbeziehungen dieses Elements Zärtlichkeit, Gleichmut und Vorsicht, Potentiale, die es ihnen ermöglichen, sich mit der nötigen Klugheit zu verhalten, um den Ursprung ihrer Konflikte zu beseitigen, wenn sie auftreten.

Sie haben ein unglaubliches Denkvermögen, obwohl ihre zurückhaltende, tiefe und trübe Persönlichkeit sie zu Melancholie neigen lässt. Sie zeigen auch einen Mangel an Sicherheit und Kühnheit. Kreativität ist eine der Haupteigenschaften, die dieses Element repräsentiert, ebenso wie Anpassung, Sanftmut, Barmherzigkeit und Mitgefühl. Ohne Wasser gäbe es keine Lebewesen auf der Erde, dieses Element ist rein und kristallin, Eigenschaften, die diejenigen haben, die zu diesem Element gehören.

Menschen, die diesem Element angehören, sind leutselig und haben einen wunderbaren Einfluss auf andere. Sie haben eine originelle Intuition, die es ihnen ermöglicht, schnell zu erobern. Ausdauer und Klarheit geben ihnen die Möglichkeit, Ereignisse vorherzusagen.

Sie können die Fähigkeiten anderer wahrnehmen und sie wirksam inspirieren, aber sie sind diskret und lassen andere nicht merken, dass sie sie nutzen.

Der Missbrauch von Natrium oder Alkaloiden und Lebensprototypen, die von den üblichen Strukturen abweichen, sind sehr schädlich für Menschen, die im Wasserelement geboren sind. Die Einhaltung der Schlafzeiten, die Aufrechterhaltung einer entspannten geistigen und emotionalen Gesundheit und der Kontakt mit Wasser stellen ihre Harmonie wieder her und optimieren ihre Energien.

Diejenigen, die einem Wasserelementzeichen angehören, können Berufe ergreifen, die mit Holz und Feuer zu tun haben, und erfolgreich sein, Berufe ausüben, die mit ihrem eigenen Element zu tun haben, und Berufe, die mit Erde zu tun haben, ablehnen, da Erde das Wasser unterdrückt.

Kompatibilität und Inkompatibilität

Sie sind kompatibel:

Ratte - Drache - Affe.

Sie stehen in Beziehung zueinander durch ihre Persönlichkeiten, die sehr aktiv und freundlich sind. Alle drei sind fleißig, ungeduldig, leidenschaftlich und ruhelos und haben stets hohe Ziele vor Augen. Sie stecken voller Ideen, haben die nötige Ausdauer und den Mut, sie umzusetzen, und kommen immer wieder mit innovativen, unerwarteten, überraschenden und kraftvollen Lösungen daher.

Tiger - Pferd - Hund.

Sie sind durch die Zufriedenheit verbunden, die
sie empfinden, wenn sie zusammenarbeiten. Sie
sind durch ihre Bescheidenheit, Würde,
Ehrlichkeit und ihren hartnäckigen Altruismus
verbunden. Einfühlsam, scharfsinnig und
kommunikativ, wenn auch ein wenig gewalttätig
und streng, kämpfen sie energisch gegen
Ungleichheiten, Gewalt und Illegalität. Diese drei
Zeichen verkaufen niemals ihr Gewissen.

Ochse - Schlange - Hahn.

Diese drei Zeichen eint ihre Förmlichkeit, ihre
Vernunft und die Ernsthaftigkeit, die sie in ihrem
Leben erreichen. Sie sind energisch,
unternehmungslustig und unermüdlich, unflexibel
in ihren Entschlüssen, sie überdenken und planen
gerne in Ruhe, bevor sie Verpflichtungen
eingehen, die sie später bereuen würden. Was
ihnen fehlt, ist Kälte, denn für sie muss die
Vernunft über die Gefühle siegen.

Kaninchen - Ziege - Schwein.

Drei emotionale Zeichen, die auch durch ihre Kreativität verbunden sind. Instinktiv, anfällig, sensibel und zurückhaltend, passen sie sich leicht an ihren Lebensraum an, und als gute Profiteure haben sie nichts dagegen, von anderen abhängig zu sein. Ihre täglichen Aussagen beinhalten immer die Worte: Perfektion, Allianz und Konformität.

Hinweis: Gegenüberliegende Zeichen sind gegenüberliegende Feinde:

Ratte -Pferd

 Ochse - Ziege

 Tiger - Affe

Kaninchen - Hahn

 Drache - Hund

Schlange - Schwein.

Affe

Eigenschaften

Der Affe ist das Zeichen, das die meisten Streitereien provoziert. Manche sehen ihn als scharfsinnig und sehr jovial, andere katalogisieren ihn als frech und freizügig, während sein Partner wie hypnotisiert davon lebt, das leidenschaftlichste Wesen des Universums erobert zu haben. Durch seine Art passt er sich geschickt an die Umgebung an, in der er sich befindet, und er weiß, wie er sich in jeder Situation verhalten muss.

Wenn er sich jedoch wohlfühlt, kann er anfangen, der Clown der Party zu sein, und sogar die Gefühle von jemandem mit seiner soliden Polemik verletzen. Der Affe nimmt wenig Rücksicht auf die Gefühle anderer, da er sie meist nicht gut versteht.

Bei einem Streit ist es besser, ihn zu ignorieren, denn wenn du versuchst, ihn zur Vernunft zu bringen, wird es vergeblich sein. Es ist praktisch, von seinen Fähigkeiten zu lernen, um erfolgreich aus Streitigkeiten herauszukommen.

In der Liebe verlieben sie sich nur sehr selten bis zum Wahnsinn. Sie ziehen es vor, dass sich der andere verliebt, ihre Leidenschaften sind flüchtig. Sie sehnen sich mehr nach einem One-Night-Stand als nach den Verpflichtungen eines Zuhauses. Wenn sie zufällig heiraten, dann nach einer Reihe von Vereinbarungen oder vielleicht, weil sie über jemanden wie ihn gestolpert sind.

Affen sind hartnäckig und haben immer eine Lösung für die Probleme, denen sie gegenüberstehen. Mit ihnen ein Unternehmen zu gründen, ist zwar anstrengend, aber eine gute Idee, denn sie bringen alles mit, was sie wissen und besitzen, um es zum Erfolg zu führen. Diese Fähigkeit, erfolgreich zu sein, macht sie sehr erfolgsfähig, weshalb sie an einem Tag ganz unten und am nächsten ganz oben sind.

Ihre Überzeugungskraft macht sie zu exzellenten Politikern, Verkäufern und in der Tat zu jedem Ziel, das sie sich selbst setzen.

Der Affe hat keinen Respekt vor anderen oder vielleicht ein Übermaß an Selbstachtung, er ist vorteilhaft, eingebildet und eingebildet, durchaus wettbewerbsorientiert und sehr geschickt darin, seine Gefühle zu verbergen, während er seine subtilen Missetaten erfindet.

Wer den Affen gut kennt, kann seinen Lebenswillen nur schwerlich verleugnen. Diese Eigenschaft unterscheidet ihn von anderen und deshalb wird er oft beneidet.

Der Ruf des Affen kann so wackelig sein wie ein Pendel, aber dennoch vermittelt er nie den Eindruck, dass er sich übermäßig darum sorgt, was andere von ihm denken, denn er ist sich sicher, dass er ihre Meinung ändern kann.

Das bedeutet nicht, dass er apathisch ist oder Kritik abwehrt. Im Gegenteil, der Affe hält sich an die Fairness. Aber im Grunde muss man sich dessen bewusst sein, denn das Einzige, was er immer in Betracht zieht, sind seine eigenen Überzeugungen. Seine Gnadenstöße sind verhängnisvoll, aber wenn man sich davon erholt, muss man akzeptieren, dass er noch nie mit solcher Eleganz und Subtilität besiegt worden ist.

Das Schlimmste ist, dass die Chance besteht, dass er dich wieder einwickelt und du dem Charme seiner Ausstrahlung erliegst, weil du ihn schließlich liebgewonnen hast.

Der Affe verfügt nicht nur über ein ausgezeichnetes Gedächtnis, sondern ist auch praktisch veranlagt und verschwendet nie Zeit mit Dingen oder Menschen, die ihm Spaß machen.

Jeder Affe ist einzigartig, es gibt keine zwei gleichen, und obwohl er voller Fehler ist, genießen die Menschen seine Gesellschaft, weil sie seine Fähigkeiten und Tricks nicht verachten können. Die Gerissenheit des Affen ist berühmt. Wenn er verliert, ist der Affe nicht launisch, denn wenn das Schicksal nicht zu seinen Gunsten ist, gibt er nach.

Kurz gesagt, der Affe ist ein liebevoller und umgänglicher Mensch, der entschlossen ist, energisch zu arbeiten. Gewöhnlich erreicht er, was er sich wünscht, ohne sich anzustrengen, und vielleicht wird er deshalb schnell desinteressiert an dem, was er erreicht hat. Er muss sich in Toleranz und Beständigkeit üben, sonst wird ihm niemand je vertrauen.

Der Drache liebt seine Gesellschaft wegen seines guten Urteilsvermögens, und der Hase, die Ziege, der Hund, das Pferd und der Ochse werden die Beweglichkeit des Affen bevorzugen und seine Fähigkeit und Wettbewerbsfähigkeit schätzen. Der Hahn und das Schwein brauchen deine Intelligenz.

Mit ihrem misstrauischen Geist wird sich die Schlange nie ganz mit dem Affen anfreunden können. Der Tiger ist das Hauptziel seines Unfugs und seiner Boshaftigkeit. Wenn sie aufeinandertreffen, zeigt der Affe seine Tapferkeit, und da er weiß, dass der Tiger nicht gerne verliert, wird er sich freuen, ihn zu überwältigen.

Affen

Metall-Overall

Der Metall-Affe ist schelmisch und fällt manchmal seinen eigenen Streichen zum Opfer. Dieser Affe wird von seinen Freunden oft gehänselt.

Sie sind sehr eitel, achten gut auf sich selbst und haben eine gute körperliche Vitalität. Sie ertragen große Anstrengungen und zeigen ein außergewöhnliches Arbeitspotenzial.

Auf beruflicher Ebene führt ihre Rebellion dazu, dass sie ihre Ziele bis zum Ende durchsetzen, selbst wenn sie wissen, dass sie einen Fehler machen, bereuen sie ihn nicht. Diese Metall Monkeys sind gut darin, Szenarien zu manipulieren, die mit Geld und spekulativen Transaktionen zu tun haben, denn das erregt sie.

Wenn der Metall-Affe verliebt ist, umschmeichelt er den geliebten Menschen mit Zärtlichkeiten. Sie sind sinnlich, romantisch und sehr herzlich.

Dieser Affe besitzt ein ausgezeichnetes Gedächtnis. Mit einem so ausgefeilten Gedächtnis neigen sie dazu, nachtragend zu sein und bleiben endlos in dieser düsteren Emotion gefangen.

Sie kommuniziert offen, ist schroff und taktlos. Da sie sich selbst nicht sehr ernst nimmt, merkt sie nicht, wie sehr ihre Witze verletzen können.

Wasser-Affe

Wasseraffen genießen es, im Mittelpunkt zu stehen, und sind dazu bestimmt, Anführer zu sein. Allerdings erdrücken sie andere oft mit ihrer arroganten Art, weshalb sie in ihrem engen Umfeld unbeliebt sind.

Wasseraffen sind sehr sparsam und zurückhaltend und mögen keine Empfehlungen von anderen Menschen. Er ist eine Person voller Taktik, die es ihm ermöglicht, Geschäfte zu beginnen und erfolgreich abzuschließen. Er ist sehr misstrauisch, aber sehr hilfsbereit, und in jedem Moment wird er versuchen, die Beziehungen zu heilen, die er selbst ruiniert hat.

Er ist hartnäckig, glaubt nicht an das Unmögliche und ist geschickt darin, jeder Schwierigkeit eine positive Seite abzugewinnen. Dieser Affe weiß, wie Menschen funktionieren, und nutzt diese Denkweise, um seine Ziele zu erreichen.

Vielleicht verspüren Sie enorme Ängste, die in Wirklichkeit gar nicht existieren, und ohne sie wäre Ihr Weg bequemer. Ihre Unsicherheit und Ihr verwirrtes Temperament können die Urheber dieser unbegründeten Sorgen sein.

Sie verdrehen die Dinge, idealisieren Szenen und greifen gerne den Ereignissen vor.

Hölzerner Affe

Der Hölzerne Affe ist fröhlich und mitfühlend. Er hat einen ausgeprägten Sinn für Verantwortung und ist manchmal ein Perfektionist. Ihm fehlt es an Selbstwertgefühl und er ist ein Idealist, der von Neuem und Modernem fasziniert ist. Da er so ungeduldig ist, macht er viele Fehler und kann selbst seine eigenen Projekte ruinieren.

Der Hölzerne Affe hat viele echte Freunde, die ihm immer helfen, wenn er in Schwierigkeiten steckt, aber er mischt sich nicht gerne in die Angelegenheiten anderer Leute ein.

Sie lieben jede Aktivität, die ihren Intellekt herausfordert, sie wach und beschäftigt hält, und wenn es etwas ist, das Spaß macht, umso besser. Der Holz-Affe liebt es, Aufmerksamkeit zu bekommen, Recht zu haben und für seine Erfolge gelobt zu werden. Das kann zu Konflikten führen, denn wenn sie nicht bekommen, was sie wollen, lassen sie sich leicht entmutigen. In

ernsteren Situationen müssen sie sich sehr
anstrengen, um nicht aufzugeben.

Sie legen viel Wert auf ihren sexuellen Bereich,
ihre Schönheit und Anziehungskraft. Sie sind
detailorientiert und möchten, dass sich ihr Partner
an ihrer Seite glücklich fühlt. Gelegentlich sind
sie sehr hartnäckig auf ihren eigenen Ansichten
und neigen dazu, Konflikte in jeder Beziehung zu
schaffen.

Feuer-Affe

Der Feuer-Affe ist immer begierig auf neue und andere Dinge, sie neigen dazu, die Vorteile der traditionellen Dinge zu ignorieren. Sie versuchen immer, das Neue mit dem Traditionellen zu verbinden. Manchmal sind sie übermäßig egoistisch, weshalb die Menschen um sie herum verärgert mit ihnen sind.

Sie sind berechnend und opportunistisch. Sie sind geschäftstüchtig und können an mehreren Plänen gleichzeitig beteiligt sein. Ihre Konzepte sind eher eigenständig und weit entfernt von Archetypen.

Der Feuer-Affe wird bei der Arbeit für seinen begnadeten Verstand bewundert. Sie sind sehr energisch, selbstbewusst und entschlossen. Sie sind intuitiv in Bezug auf das kollektive Unterbewusstsein und besitzen ein ausgezeichnetes Organisationstalent.

Der Feueraffe ist der stärkste aller Affen, er hat gerne die Kontrolle, und deshalb sind sie für ihr gutes Urteilsvermögen in verschiedenen Dingen gefragt. Der Feueraffe ist immer offen für neue Ideen, und in Zeiten von Stress zeigt er seine sture Seite. Wenn dieser Starrsinn sie trifft, werden sie unflexibel und versuchen, anderen ihre Meinung aufzuzwingen.

Erdäffchen

Die Erde Affe ist optimistisch und mutig, ist sehr höflich und respektiert seine Werte und die der anderen. Sie sind sehr geduldig und ruhig und zuversichtlich, ihre Ziele zu erreichen.

Diese Affen sind keine Verschwender, aber sie sind auch nicht egoistisch, im Gegenteil, sie lieben es, Wohltätigkeitsarbeit zu leisten, die ihnen den Respekt der Gesellschaft einbringt.

Sie lieben die Freiheit und geben anderen die gleiche Freiheit, die sie sich wünschen. Allerdings kümmern sie sich sehr um ihre Familie und Freunde. Sie wirken sporadisch exzentrisch, ihre Gedanken sind schwierig und es fällt ihnen schwer, anderen ihre Gefühle zu offenbaren.

Die Erde Affe unterhält andere nicht gerne, ist aber aufrichtig freundlich zu denen, die ihm wichtig sind und die er liebt. Sie neigen dazu, angespannt zu sein, weil es ihnen schwerfällt, sich zu entspannen, besonders wenn es um Angelegenheiten geht, die ihre Familie betreffen.

Erd Affen sind, wenn sie ihre negative Seite zeigen, unsicher, aber ihre Entschlossenheit und Konzentration überwiegen diese Eigenschaft. Im Allgemeinen kümmern sie sich um den Eindruck, den sie hinterlassen.

Vorhersagen 2024

Dies wird ein hervorragendes Jahr der positiven Veränderungen sein. Der Holzdrache begünstigt Sie und wird Sie zu beruflichem und persönlichem Erfolg führen. Geld wird Ihnen leicht in die Hände fallen, und Sie werden großartige Investitionen tätigen können. Seien Sie vorsichtig, Sie müssen vorsichtig sein, denn Sie werden von Menschen umgeben sein, die Sie beneiden, und Sie könnten sogar betrogen werden.

Im Jahr 2024 wird Ihr soziales Leben sehr aktiv sein, und dank Ihres beruflichen Erfolgs werden Sie zum Mittelpunkt Ihres Freundes- und Kollegenkreises.

In der Liebe werden Sie sehr guttun, dank Ihrer Anziehungskraft und beruflichen Erfolg, werden Sie das Zentrum der Aufmerksamkeit aller Augen und Kommentare zu werden. Wenn Sie ein Paar sind, wird es ein stabiles Jahr sein, voller Glück. Gemeinsam werden Sie Ihren Erfolg genießen. Wenn Sie Single sind, könnte es das Jahr Ihrer Verlobung sein.

Alle Veränderungen, die in Ihrem Bereich der Liebe eintreten werden, sind positiv, und wenn Sie allein sind, werden Sie garantiert einen Partner finden, Sie werden viele neue Menschen kennenlernen und unter ihnen wird die große Liebe sein.

Dieses Jahr werden ein Jahr der Veränderungen und Überraschungen sein. Die Stärke des Holzdrachen wird Sie dazu bringen, Veränderungen mit Selbstvertrauen und Mut zu begegnen. Wenn Sie auf der Suche nach Arbeit sind, werden Sie den Job finden, den Sie suchen. Wenn Sie bereits einen Job haben und auch wenn Sie nicht auf der Suche nach einem neuen Job sind, werden Sie mehrere Angebote finden, die es wert sind, sorgfältig analysiert zu werden.

Seien Sie sehr vorsichtig mit Ihren Kollegen, denn sie werden neidisch auf Ihr Glück sein und könnten Ihnen das Leben schwer machen. In diesem Jahr könnten sie dich befördern, deinen Wert anerkennen oder dein Gehalt erhöhen.

Sie werden ein wirtschaftlich erfolgreiches Jahr erleben, es ist das Jahr Ihrer beruflichen Anerkennung, Sie werden das ertragreiche und soziale Niveau genießen, von dem Sie geträumt haben. In diesem Jahr werden Sie sparen können, und es ist auch das Jahr, in dem Sie das Haus Ihrer Träume kaufen können. Analysieren Sie gut den Immobilienmarkt, bevor Sie eine Entscheidung treffen, und die Bedingungen des Hauses, das man Ihnen verkauft.

Sie werden ein Jahr mit guter Gesundheit und viel Energie erleben. Ihre körperliche Kraft wird Sie das ganze Jahr über begleiten. Du wirst keine Krankheiten haben, und wenn du dir etwas einfängst, wird es eine vorübergehende Erkältung sein. Sie brauchen sich keine Sorgen zu machen. Bewegung ist ratsam, und eine gesunde und ausgewogene Ernährung ist der Schlüssel zu Ihrer ausgezeichneten Gesundheit.

In Ihrem Haus werden Frieden und Harmonie herrschen. Du wirst deine Erfolge mit deiner Familie teilen und sie wird dich zu 100 % unterstützen. Wenn Sie daran denken, ein Kind zu bekommen, ist dies das perfekte Jahr, ein weiterer Segen, der dieses Jahr 2024 mit Glück erfüllen wird.

Kombination der Tierkreiszeichen mit dem chinesischen Horoskop

Wenn man östliche und westliche Horoskope kombiniert, ist es erstaunlich, wie sehr sie miteinander verbunden und genau sind.

Chinesische und westliche Horoskope sind die am häufigsten verwendeten Horoskope. Wenn Sie die Möglichkeit haben, sie gründlich zu verstehen, wird es für Sie einfacher sein, sie zu nutzen und einen zentralen Ansatz zu verfolgen.

Beide Horoskope basieren auf der Position der Sterne, aber im chinesischen Horoskop werden 28 Sternbilder verwendet, im westlichen Horoskop 88. Das chinesische Horoskop basiert auf 12 Tieren, die jedes Jahr regieren, während das westliche Horoskop auf 12 Zeichen basiert, die jeden Monat regieren.

Das chinesische Horoskop basiert auf dem Mondkalender und ist das älteste bis heute bekanntes Horoskop. Ihr Sternzeichen stimmt wahrscheinlich mit Ihrem Zeichen im chinesischen Horoskop überein, aber das kommt nicht oft vor. Wenn das der Fall wäre, wären die Vorhersagen genauer.

Zwischen den Zeichen beider Horoskope besteht eine Gleichwertigkeit:

Widder/Drache, Stier/Schlange, Zwillinge/Pferd, Krebs/Ziege, Löwe/Affe, Jungfrau/Wildschwein, Waage/Hund, Skorpion/Schwein, Schütze/Ratte, Steinbock/Steinbock, Wassermann/Tiger und Fische/Kaninchen.

Kombinationen

Affe

Widder /Affe

Menschen mit diesen Zeichen sind überzeugend. Diese Menschen lachen gerne. Sie erkunden die Welt mit Enthusiasmus und Freude und sind sehr wissbegierig.

Sie sind nicht verantwortungsbewusst und vorsichtig im Geschäftsleben, aber da sie so aktiv sind, haben sie normalerweise Erfolg. Sie sind von ihren Fähigkeiten überzeugt, aber wenn sie versagen, werden sie wütend auf alle, auch auf sich selbst. Die schlimmste Demütigung ist für sie, zurückgelassen zu werden. Sie hören nicht auf die Kritik anderer, sind aber empfänglich für sie.

Stier/ Affe

Dies ist eine Kombination von Kraft. Menschen mit diesen Zeichen sind gesellig und besitzen einen unendlichen Optimismus. Sie sind jemand, dem man vertrauen kann, denn sie sind in jeder Situation positiv eingestellt.

Sie machen sich keine Sorgen um Geld und sind nicht an Spekulationen interessiert. Sie sind geschäftlich erfolgreich und müssen sich nicht so sehr anstrengen wie die anderen Zeichen. Sie stellen die Interessen der Menschen, die Sie lieben, immer an erste Stelle und opfern sich für sie auf.

Zwillinge /Affe

Diese Zeichenkombination ergibt impulsive und ruhelose Menschen. Sie können sehr leicht mit ihnen zu kommunizieren, und Emotionen nie in die Quere kommen, das Richtige zu tun.

Sie sind enthusiastisch und haben einen starken Wunsch nach Fortschritt. Sie kennen die Techniken, um ihre Feinde zu besiegen. Sie haben die Fähigkeit, lange Zeit unter Druck zu stehen, und der Einfluss des Zeichens Zwilling macht sie zu einer vielseitigen Person.

Krebs /Affe

Diese Menschen haben einen scharfen Verstand. Sie besitzen eine rätselhafte Persönlichkeit, haben aber die Fähigkeit, tief zu fühlen. Diese Menschen zeichnen sich dadurch aus, dass sie von ihren Gefühlen erstickt werden und auf ihre Intuition hören. Sie sind ein wenig schüchtern, aber gleichzeitig unersättlich und selbstbewusst. Sie sind misstrauisch, wenn sie eine Liebesbeziehung eingehen müssen, da sie Angst haben, verletzt zu werden. Sie sind unbeständig in ihrem Temperament und haben deshalb nie

klare Vorstellungen, wie sie ihr Leben in
Ordnung halten sollen.

Löwe/ Affe

Diese Person ist sehr aufnahmefähig. Sie sind
Führungspersönlichkeiten par excellence, sie
wissen, wo sie hinwollen, und für dieses Ziel
setzen sie ihr ganzes Engagement ein.

Sie haben keine Angst vor Hindernissen, sondern
werden durch sie gestärkt. Sie sind idealistisch
und einfühlsam. Sie können in ihren Ansichten
ein wenig stur sein, bewahren sich aber immer
eine bedingungslose Aufrichtigkeit. Sie fühlen
sich von Luxus und Macht angezogen. Sie sind in
der Lage, Fallen zu benutzen, um ihre Feinde zu
blamieren. Sie können auch arrogante
Verhaltensweisen annehmen.

Jungfrau/ Affe

Dies ist eine komplexe Kombination. Sie handeln
diplomatisch und ohne Vorbehalte. Sie sind sehr

diskret, aber lustig. Sie genießen es, anderen
Menschen bei der Lösung ihrer Probleme zu
helfen.

Sie sind charmant, lernen gerne und haben die
Fähigkeit, auch die kompliziertesten
Zusammenhänge zu analysieren. Sie sind so
aufmerksam und intuitiv, dass sie in der Lage
sind, alle Seiten einer Angelegenheit zu sehen.
Sie sind praktisch veranlagt, willensstark und
scharfsinnig, immer auf der Suche nach dem
Besten. Sie verfügen über die Gabe der Klugheit.

Waage /Affe

Diese Menschen haben ein großes Herz. Sie
engagieren sich für die Probleme anderer, weil
sie sie spüren. Sie verabscheuen Ungerechtigkeit
und sind sehr kontaktfreudig. Sie dulden keine
Grausamkeit, sie sind sehr diplomatisch im
Angesicht von Feindseligkeiten. Sie arbeiten
gerne im Team, sie sind neugierig, eine Tugend,
die, wenn sie sie nutzen, um neue Dinge zu
entdecken, sehr vorteilhaft ist, die aber auch zu

einem Fehler werden kann, wenn sie ihnen erlaubt, sich in die Angelegenheiten anderer einzumischen. Sie machen nie falsche Schritte, weil sie nie an Eleganz verlieren. Sie sind eine Mischung aus Exquisit Heit und Dynamik.

Skorpion/ Affe

Dies sind die Zeichen der vielseitigen Menschen. Sie sind Menschen mit hellseherischen Fähigkeiten, sie sind geheimnisvoll und unabhängig. Normalerweise mögen sie es, einen Schutzschild zu schaffen, um ihre Gefühle zu schützen.

Sie sind Bohemiens, und obwohl sie von der Welt losgelöst zu sein scheinen, urteilen sie in Wirklichkeit mit ihrer kritischen Mentalität. Sie sind mächtig, ihre Willenskraft ist unglaublich, aber sie werden leicht von den Bedingungen um sie herum in Mitleidenschaft gezogen. Sie wissen nicht, wie sie ihren Mund halten sollen und werden sehr kritisch. Sie sind gut befreundet mit Menschen, die sie für respektabel halten.

Schütze/ Affe

Diese Kombination ist typisch für vielseitige und abenteuerlustige Menschen. Ihr Geist ist immer offen für neue Erfahrungen.

Sie sind zuverlässig und immer bereit, für eine gute Sache zu kämpfen, auch wenn es sie das Leben kostet. Sie lieben es, Projekte zu starten und neue Dinge zu lernen. Sie sind sehr gute Organisatoren und großzügig. Sie haben ein großes Temperament, das sich in schwierigen Situationen zeigt.

Steinbock /Affe

Die Kombination dieser Zeichen ergibt verantwortungsbewusste Menschen, die bereit sind, ihre Ziele mit Ausdauer zu erreichen.

Sie sind faire Menschen, aber ihre Persönlichkeit ist manchmal introvertiert und ein wenig unsicher. Sie sind Menschen, denen man vertrauen kann, sie sind sehr respektvoll. Sie sind ausgezeichnet in der Verwaltung und in allem, was mit Wirtschaft zu tun hat. Ihre Gefühle auszudrücken ist manchmal sehr schwer für sie, aber wenn sie sich hingeben, sind sie leidenschaftlich in der Intimität.

Wassermann/ Affe

Menschen mit dieser Kombination sind berühmt für ihre Fantasien. Sie sind superoriginell und aufrichtig.

Großzügig und unabhängig, ist es für sie wichtig, Freunde zu finden, obwohl ihr Freundeskreis groß und unbeständig ist. Sie sind gesellig und ihre Priorität ist es, sich mit ihren Freunden zu beschäftigen und Spaß zu haben. Sie sind mitfühlend, und wenn sie etwas geben, tun sie es selbstlos. Normalerweise glänzen sie in jedem Beruf, der ihnen die Möglichkeit gibt, ihre Talente zu nutzen.

Fische /Affe

Diese Kombination ist sehr an sozialen Problemen interessiert, aber sie hassen es, beurteilt zu werden, und es ist eine große Beleidigung, wenn jemand sie kritisiert. Sie sind nie schlecht gelaunt, und wenn dies der Fall ist, zeigen sie es nicht. Sie behandeln jeden gut, verbringen gerne Zeit mit ihren Freunden und sind gesellig. Sie sind die perfekten Menschen, wenn es darum geht, ein geselliges Beisammensein zu planen, und sie sind immer für eine gute Zeit zu haben.

Sie sind transparent und glauben nicht an das Böse im Menschen. Es fällt den Menschen leicht, ihnen zu vertrauen.

Dekorieren Sie Ihr Zuhause nach Feng-Shui

Feng Shu ist eine chinesische Philosophie, die sich mit der Umwelt befasst und auf der Theorie von Yin und Yang und den fünf Elementen basiert. Experten haben gezeigt, dass im alten China regelmäßig Gebiete gewählt wurden, die von Bergen umgeben waren und einen Fluss hatten. Dies lag nicht nur daran, dass diese Gebiete die wichtigsten Kriterien für das Überleben darstellten, sondern auch daran, dass sie den vom Feng-Shui festgelegten Mustern entsprachen. Der Grundgedanke des Feng-Shui besteht darin, ein Gleichgewicht zwischen den Menschen und dem Universum herzustellen. Wenn es gute Energien gibt, gibt es ein Gleichgewicht, da Feng-Shui das Schicksal eines jeden Menschen beeinflusst. Durch das Studium des Feng-Shui können die Menschen an ihrer Kompatibilität mit der Natur, ihrer Umgebung und ihrem Leben arbeiten, um mehr Wohlstand und Gesundheit im Leben zu erreichen.

Theorie der fünf Elemente

Die Theorie der fünf Elemente ist ein Bestandteil des Feng-Shui. Diese Elemente sind wichtig für die Bestimmung des richtigen Feng-Shui in einem bestimmten Raum. Diese Elemente sind: Feuer, Erde, Metall, Wasser und Holz, und jedes hat eine Besonderheit, die bestimmte Aspekte des Lebens symbolisiert.

Die Fünf Elemente sind der Ausdruck, der im Feng-Shui verwendet wird, um die Struktur der Natur zu erklären, und diese Elemente wirken zusammen und müssen immer ausgeglichen sein.

Feng-Shui für die zwölf Zeichen des chinesischen Horoskops

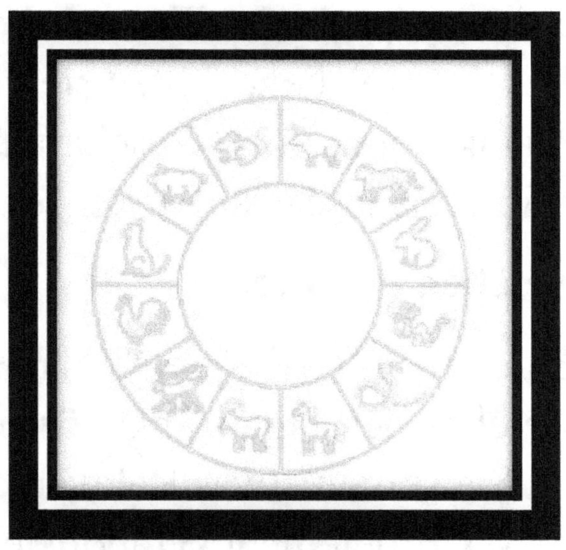

Das Zeichen der Ratte

Wasser begünstigt Menschen, die unter dem Zeichen der Ratte geboren sind, es hilft ihnen, Wohlstand zu erlangen. Um Fülle zu erhalten, sollten sie ein Goldfischbecken in den nördlichen Teil ihres Büros stellen.

Das Zeichen des Ochsen

Menschen dieses Zeichens werden Wohlstand erreichen, wenn sie das Element Feuer nutzen. Um dies zu erreichen, sollten sie Porzellan- oder Keramikartikel in ihren Geschäften oder Büros und in ihren Häusern aufstellen.

Das Zeichen des Tigers

Das Erdelement ist dasjenige, das Personen, die dem Zeichen des Tigers angehören, verwenden sollten. Sie sollten etwas Relevantes hinzufügen, dass dieses Erdelement symbolisiert. Eine Topfpflanze oder eine natürlich wachsende Blume kann Wohlstand in ihr Leben bringen.

Kaninchen-Schild

Um Glück und Fülle anzuziehen, brauchen Menschen mit dem Zeichen Hase ein geheimes Erdelement in ihrem Leben. Sie sollten eine Jade

oder einen Citrin-Quarz im nordöstlichen Teil
Ihres Hauses oder Büros verstecken.

Drachen-Zeichen

Der Nordwesten ist hervorragend für diejenigen,
die im Zeichen des Drachen geboren sind. In
diese Richtung sollten sie eine Schale mit klarem
Wasser, vermischt mit ein wenig Erde, stellen.
Eine andere Möglichkeit ist, eine Lotusblume in
eine Schale zu legen.

Das Zeichen der Schlange

Menschen, die dem Zeichen der Schlange
angehören, kommen zu Wohlstand, wenn sie
Metallgegenstände, insbesondere Gold und
Silber, in ihrem Haus oder Büro verwenden.

Das Zeichen des Pferdes

Der Nordwesten ist die empfohlene Position für
Menschen mit dem Zeichen des Pferdes, um ein

großes Kapital zu erhalten. Sie sollten einen
Metallfrosch im Nordwesten ihres Hauses oder
Geschäfts platzieren.

Das Zeichen der Ziege

Norden ist die geeignete Himmelsrichtung für
Menschen, die im Zeichen der Ziege geboren
sind. Sie sollten eine kleine Holzkiste oder einen
anderen hölzernen Gegenstand im Norden ihres
Büros oder ihrer Wohnung aufstellen.

Wenn sie eine Holzkiste verwenden, sollten sie
einen Gegenstand, der mit ihrem Beruf zu tun
hat, in die Kiste legen. Ein Schriftsteller kann
zum Beispiel einen Bleistift in die Kiste legen.

Affe Zeichen

Damit Wohlstand in das Leben von Menschen
kommt, die im Zeichen des Affen geboren sind,
sollten sie eine Pflanze in ihrer Größe oder größer

in dieser Himmelsrichtung auf der Westseite des Hauses oder des Unternehmens aufstellen.

Hahn Zeichen

Wer dem Sternzeichen Hahn angehört, hat Glück, wenn er einige Samen in ein Glas, eine Flasche oder eine Schale von dunkelroter Farbe legt. Sie sollten kein Metall verwenden.

Hundeschild

Menschen, die dem Zeichen des Hundes angehören, sollten in ihrem Leben auf die Elemente Wasser und Erde verzichten. Sie können Baumstämme oder Pflanzenzweige in ihr Büro oder ihre Wohnung stellen, aber sie können sie nicht in Wasser oder Erde stellen.

Das Zeichen des Schweins

Menschen, die im Zeichen des Schweins geboren sind, brauchen das Element Feuer in ihrem

Leben, um Glück zu haben. Sie können ein
Keramiktablett oder andere Gegenstände aus Ton
in ihrem Haus aufstellen.

Feng-Shui 2024

Im Jahr des Drachen sollten Sie Perlenarmbänder oder Armreifen tragen.

Sie sollten ein Amulett mit einer Drachenfigur oder ein Feng-Shui-Glücks-Windspiel mit Kristallen aufstellen und es im Südosten Ihres Hauses oder im Familienbereich Ihres Schlafzimmers oder Büros platzieren.

Vergessen Sie nicht, Ihre Wohnung mit Grünpflanzen, natürlichen Blumen in verschiedenen Farben, Fotos, Bildern oder Darstellungen zu dekorieren, die Landschaften und Gärten charakterisieren.

Sie sollten auch Dekorationen aus Holz verwenden und keine Fotos von verstorbenen Familienmitgliedern neben den aktuellen Familienfotos aufstellen, da die Schwingung dieser Fotos schmerzhaft ist und Ihnen Energie entzieht.

Das chinesische Neujahrsfest hat viele Traditionen, um das Alte zu verabschieden und Platz für das Neue zu schaffen. Eine Tradition, die wir empfehlen, ist, am ersten Tag des chinesischen Mondneujahrs nicht in der heimischen Küche zu kochen, da es Unglück bringt, scharfe Instrumente wie Messer herauszunehmen. Dies kann das Glück für den Rest des Jahres schmälern.

Die ersten 15 Tage des chinesischen Neujahrsfestes werden gefeiert, und obwohl es stimmt, dass uns manchmal die Zeit dazu fehlt, ist es ratsam, im Voraus Vorbereitungen zu treffen.

Wenn Sie es schaffen, im Voraus vorbereitet zu sein, wird dies Ihnen helfen, Wohlstand anzuziehen. In diesem Jahr sollten Sie zwei Tage vor dem chinesischen Neujahrsfest, also am Donnerstag, den 8. Februar 2024, mit einer gründlichen Reinigung Ihres Hauses beginnen. Vergessen Sie nicht, dass es Unglück bringt, am ersten Tag des neuen Jahres zu putzen, weil Sie damit Ihr ganzes Glück aus der Haustür fegen würden.

Am Abend vor dem chinesischen Neujahrsfest, am Freitag, dem 9. Februar 2024, sollten Sie alle Ihre Ziele für das Jahr planen und aufschreiben, falls Sie dies nicht schon am 1. Januar getan haben.

Schreiben Sie nach dem Neumond am Freitag, den 09.02.2024 um 17:58 Uhr EST absolut alle Ihre Wünsche auf. Welche Ziele wollen Sie in Ihrem Berufsleben, in Ihrem Finanzbereich, in Ihrem Liebesleben und in Ihrem Familienleben erreichen? Schreiben Sie eine Liste für jeden Bereich Ihres Lebens, den Sie verbessern möchten.

Wenn du eine Holztruhe kaufen kannst, wäre das ideal, denn darin kannst du deinen Wunschzettel zusammen mit einem Pyrit quarz und einem Citrin aufbewahren, die als Steine bekannt sind, die Wohlstand und Fülle anziehen. In die Truhe sollten Sie drei chinesische Münzen legen, denn sie sind traditionelle Symbole des Überflusses.

Alles, was Sie in diese Truhe legen, wird Ihre Wünsche schützen und die Wohlstandsenergien verstärken. Sie sollten diese Truhe an einem besonderen und sicheren Ort aufbewahren, am besten an einem hoch gelegenen Ort, denn so können Sie positive Energien von einer prominenten Stelle aus anziehen.

Vergiss nicht, neue Kleidung zu tragen, denn sie steht für die neuen Energien, die du in dein Leben ziehen willst. Du solltest einige rote Details tragen.

Besonders am Neujahrstag sollten Sie versuchen, nicht aufgeregt zu sein. Nehmen Sie sich nach Möglichkeit an diesem Tag frei, damit Sie keine Angst vor dem Verkehr haben und sich keine

Sorgen machen müssen. Denken Sie daran, auf dem Markt eine Tüte Orangen zu kaufen, denn das symbolisiert den Eintritt von Wohlstand in Ihr Haus im neuen Jahr.

Tipps für das Jahr 2024

Dies ist ein spektakuläres Jahr für Ihr persönliches Wachstum, deshalb sollten Sie die sich bietenden Gelegenheiten nutzen und nicht nur Ihre Fähigkeiten ausbauen, sondern auch neue erlernen.

Alles, was Sie in diesem Jahr 2024 tun, wird eine Investition in Ihre Zukunft sein. Es wird ein sehr arbeitsreiches Jahr sein, aber die Energien sind ermutigend, denn das Jahr des Drachen wird Ihnen die Gelegenheit geben, die Sie brauchen, um erfolgreich zu sein. Um davon zu profitieren, müssen Sie sich jedoch über alle Optionen, die

Ihnen zur Verfügung stehen, beraten lassen und alle Möglichkeiten analysieren.

Sie müssen aufmerksam sein und bereit, sich alle Ratschläge und Hilfen anzuhören. Mit Willenskraft und Initiative werden sich neue Türen für Sie öffnen.

In diesem Jahr des Drachen gibt es viel zu lernen, aber wenn Sie die Herausforderung annehmen, können Sie nicht nur in Ihrem Beruf vorankommen und Ihr Einkommen steigern, sondern auch wertvolle Erfahrungen sammeln.

Im Jahr des Drachen werden Sie sich nicht nur an größeren finanziellen Gewinnen erfreuen, sondern mit Ihrer unternehmerischen Natur auch ein Hobby finden, das Ihnen Wohlbefinden bringt.

Allerdings müssen Sie bei Ihren Ausgaben diszipliniert und sorgfältig haushalten, vor allem, wenn Sie an sehr umfangreichen Transaktionen beteiligt sind.

Wenn Sie im Laufe des Jahres Verträge unterzeichnen oder wichtige Vereinbarungen treffen müssen, sollten Sie die Bedingungen und alle Auswirkungen prüfen.

Um Höchstleistungen zu erbringen, sollten Sie einen ausgewogenen Lebensstil pflegen, Sport treiben, Ihren Schlafrhythmus einhalten und sich gesund ernähren. Es wird für Sie von Vorteil sein, neue Freunde zu finden.

Im Jahr des Drachen kann das Leben geheimnisvoll wirken und zufällige Ereignisse anziehen, die Ihnen viele Möglichkeiten eröffnen.

Der Zufall spielt in diesem Jahr eine wichtige Rolle in Ihrem Leben und verändert Ihre wirtschaftliche Situation. Nach Mai wird es eine Menge sozialer Aktivitäten geben, und Sie werden eine Menge Spaß haben können.

Es wird ein lohnendes Jahr, in dem es Entscheidungen zu treffen, Anschaffungen zu tätigen und Vergnügungen zu genießen gilt.

Diejenigen, die einen Partner haben, werden feststellen, dass sie gemeinsam mehr Erfolg haben.

Es ist ein Jahr, in dem die Fähigkeit, Gelegenheiten wahrzunehmen, viele Vorteile bringen wird. Das Jahr des Drachen hat großes Potenzial, also bleiben Sie offen für Gelegenheiten und seien Sie auf Veränderungen und Anpassungen vorbereitet. Das Jahr des Drachen wird Unternehmer belohnen.

Am selben Abend, vor Beginn des neuen Jahres, sollten Sie Ihr Haus reinigen, alle Fenster zum Lüften öffnen und weiße und gelbe Blumen in allen Gemeinschaftsbereichen Ihres Hauses aufstellen. Speziell am Eingang sollten Sie Räucherstäbchen aus Zimt, Sandelholz, Eukalyptus oder Lavendel oder ein Räucherstäbchen aus Palo Santo, weißem Salbei oder Vanille aufstellen.

Sie müssen das Haus gut räuchern. Sahumar ist die Erzeugung von Rauch, in der Regel mit Hilfe von Weihrauch, um die Umgebung zu aromatisieren und als Instrument der Reinigung und Entschlackung zu nutzen.

Ihre Besonderheit ist, dass sie einen angenehmen Duft verströmen, dem eine entspannende Wirkung nachgesagt wird. Viele Menschen verwenden die Sahumerios mit dem Ziel, die energetischen Schwingungen ihrer Wohnung zu verändern.

Wenn Sie eine Räucherung haben, die Sie im ganzen Haus verteilen, denken Sie daran, kreisende Bewegungen nach rechts zu machen. Wenn ihr einen persönlichen Bereich reinigen wollt, solltet ihr mit eurem eigenen Körper beginnen, von den Füßen bis zum Kopf, und dann zum Herzen zurückkehren, wobei ihr immer leichte Kreise macht.

Da dies das Jahr des Hasen ist, ist es ratsam, ein paar Metall- oder Holzhasen im Haus zu haben, und wenn Sie die Möglichkeit haben, auch ein paar Glaskaninchen, da sie das Element des Jahres repräsentieren: Wasser.

Wenn Sie diese Möglichkeit nicht haben, können Sie ihn mit Bildern, Porträts oder Figuren symbolisieren. Betrachten Sie ihn als Glücksbringer, denn schließlich ist das Kaninchen bestrebt, den Wohlstand zu sichern. Er wird viel Reichtum in dein Haus bringen.

Eine weitere Empfehlung für das Jahr 2024 ist, einige Wände in Ihrer Wohnung himmelblau zu streichen.

Diese Farbe ist eine der Wohlstandsfarben für dieses neue Jahr. Seien Sie vorsichtig damit, Ihr

Haus mit Blau vollzustopfen. Sie sollten nie vergessen, dass Ausgewogenheit das Wichtigste ist. Wenn du es mit Blau übertreibst, ziehst du Entmutigung oder Apathie an.

Eine Möglichkeit oder Option ist es, ihn in Form eines Armbands, eines Ohranhängers, eines Pendels, eines Schläfers, eines Rings, eines Schlüsselanhängers oder eines Talismans in der Tasche oder im Portemonnaie zu tragen.

Wenn Sie sowohl das Kaninchen als auch das Wasser haben, wird dies eine Assoziation von Reichtum, Schutz und Glück in Ihrem Leben, Haus oder Büro bilden. Denken Sie immer daran, dass alles von Beständigkeit und Anstrengung begleitet wird. Wenn Sie einige Pflanzen wie Basilikum kaufen können, die eine große Kapazität, um Fülle zu erzeugen, neben seiner Macht zu bewegen und umwandeln schlechte Schwingungen hat, werden Sie es nicht bereuen.

Mit Jasmin wäre eine weitere gute Option, Ihr Haus wird immer duftend und mit guten Schwingungen sein.

Sie sollten frischen Jasmin in Ihrem Haus haben,
wann immer Sie die Möglichkeit dazu haben,
aber das Wichtigste ist, dass er am ersten Tag des
chinesischen Jahres in jeder Ecke Ihres Hauses
steht.

Rituale zum Beginn des chinesischen Neujahrs 2024

 Das chinesische Neujahrsfest sollte mit Freude, Musik und einem üppigen Familienessen begrüßt werden. Es ist eine Zeit, in der man feiert und sich auf Glück und Wohlstand für das kommende Jahr konzentriert.

Sie sollten neue Kleidung **tragen**, denn dies symbolisiert einen Neuanfang.

Eine klangvolle Farbe wie Rot, die im Allgemeinen für Harmonie, Glück und Wohlbefinden steht, eignet sich hervorragend für diesen Tag.

Vermeiden Sie es, Weiß oder Schwarz zu tragen, während Sie auf das neue Jahr warten, da dies die Farben sind, die man normalerweise zu Beerdigungen trägt.

Eine Reinigung als Vorbereitung auf das chinesische Neujahrsfest in Form eines Rituals ist sehr nützlich.

 Diese Reinigung soll böse Geister abwehren, die sich vielleicht in den Ecken des Hauses verstecken.

Normalerweise tauschen die Menschen Möbel aus oder stellen sie um, bessern die Farbe in ihrer Wohnung aus, reparieren Schäden und waschen die Fenster mit viel Wasser.

Energetische Rituale zur Reinigung

Noch am selben Abend, bevor das neue Jahr beginnt, sollten Sie Ihr Haus putzen, alle Fenster zum Lüften öffnen und weiße und rote Blumen in allen Gemeinschaftsräumen Ihres Hauses aufstellen.

Speziell am Eingang sollten Sie Zimt, Sandelholz, Eukalyptus oder Lavendel räuchern oder Lorbeerblätter verbrennen. Lorbeer ist eine Pflanze, die die Fähigkeit hat, zu schützen, zu reinigen und zu heilen. Eine weitere Möglichkeit, positive Energien in Ihr Haus zu holen, ist die Kombination von Zimt und Lorbeerblättern. Verbrennen Sie Lorbeerblätter und bestreuen Sie sie mit Zimtpulver. Wenn diese Mischung angezündet ist, verteilen Sie den Rauch in den Räumen Ihres Hauses.

Sie müssen das Haus gut räuchern. Sahumar ist die Erzeugung von Rauch, in der Regel mit Hilfe von Weihrauch, um die Umgebung zu aromatisieren und als Instrument der Reinigung und Entschlackung zu nutzen.

Ihre Besonderheit ist, dass sie einen angenehmen Duft verströmen, dem eine entspannende Wirkung nachgesagt wird.

Viele Menschen verwenden Räucherstäbchen, um die energetischen Schwingungen in ihrem Haus zu verändern.

Wenn Sie ein Räucherstäbchen haben, das Sie im Haus herumreichen, denken Sie daran, kreisende Bewegungen nach rechts zu machen.

Wenn Sie einen persönlichen Bereich reinigen wollen, sollten Sie mit Ihrem eigenen Körper beginnen, von den Füßen bis zum Kopf, und dann zum Herzen zurückkehren, wobei Sie immer leichte Kreise ziehen.

Da dies das Jahr des Grünen Holzdrachen ist, ist es ratsam, ein Paar Holzdrachen in Ihrem Haus zu haben. Wenn Sie diese Möglichkeit nicht haben, können Sie sie mit Bildern, Porträts oder Figuren symbolisieren.

Eine weitere Empfehlung für das Jahr 2024 ist es, einige Wände Ihres Hauses grün zu streichen.

Diese Farbe symbolisiert Wohlstand für dieses Jahr. Übersättigen Sie Ihr Haus nicht mit Grün, denken Sie daran, das Gleichgewicht zu halten. Wenn Sie es mit Grün übertreiben, werden Sie Stress in Ihr Leben ziehen.

Eine Möglichkeit oder Option ist es, es mit Ihnen zu tragen, als Armband, Anhänger Ohrringe, Pendel, Schläfer, auf einem Ring, Schlüsselanhänger oder Talisman in der Tasche oder Handtasche, wird dies eine Assoziation von Reichtum, Schutz und viel Glück in Ihrem Leben, zu Hause oder im Büro zu bilden.

Wenn Sie einige Pflanzen wie Lavendel, Raute oder die Geldpflanze kaufen können, die die Fähigkeit haben, Fülle zu erzeugen, zusätzlich zu ihrer Kraft, schlechte Schwingungen zu vertreiben und umzuwandeln, werden Sie es nicht bereuen.

Da Wasser das Element ist, das das Holz ergänzt, wird ein Wasserbrunnen am Eingang Ihres Hauses Wohlstand anziehen. Vergessen Sie nicht, dass das Wasser nach innen fließen sollte.

 Wenn Sie einen Wasserbrunnen in den Wohlstandsbereich Ihres Hauses stellen, der sich von der Eingangstür aus gesehen auf der linken Seite hinten befindet, werden Sie viele materielle Vorteile haben.

Zusammen mit Grün ist Rot die Glücksfarbe für das Jahr 2024, du solltest sie in deinem Haus verwenden, um die Energien des Glücks zu aktivieren. Sie können Rot auf Ihrer Kleidung tragen, oder mit einem anderen Kleidungsstück wie einem Schal, einer Mütze oder einem Armband, so dass Sie Geld anziehen können.

Das chinesische Neujahrsfest sollte mit Freude, Musik und einem üppigen Familienessen begrüßt werden. Es ist eine Zeit des Feierns, in der man sich auf Glück und Wohlstand für das kommende Jahr konzentriert. **Man sollte** neue Kleidung tragen, denn sie symbolisiert einen Neuanfang.

Eine klangvolle Farbe wie Rot, die im Allgemeinen für Harmonie, Glück und Wohlbefinden steht, eignet sich hervorragend für diesen Tag.

Vermeiden Sie es, Weiß oder Schwarz zu tragen, während Sie auf das neue Jahr warten, da dies die Farben sind, die man normalerweise zu Beerdigungen trägt.

Eine Reinigung als Vorbereitung auf das chinesische Neujahrsfest in Form eines Rituals ist sehr nützlich. Diese Reinigung soll böse Geister abwehren, die sich vielleicht in den Ecken des Hauses verstecken.

Normalerweise tauschen die Menschen Möbel aus oder stellen sie um, bessern die Farbe in ihrer Wohnung aus, reparieren Schäden und waschen die Fenster mit viel Wasser.

Über den Autor

Zusätzlich zu ihrem astrologischen Wissen verfügt Alina Ruby über eine umfangreiche berufliche Ausbildung; sie hat Zertifizierungen in Psychologie, Hypnose, Reiki, bioenergetischer Kristallheilung, Engelsheilung, Traumdeutung und ist spirituelle Lehrerin. Sie verfügt über Kenntnisse in der Gemmologie, die sie nutzt, um Steine oder Mineralien zu programmieren und sie in kraftvolle Amulette oder Talismane des Schutzes zu verwandeln.

Ruby hat einen praktischen und ergebnisorientierten Charakter, der es ihr ermöglicht hat, eine besondere und integrierende Vision von mehreren Welten zu haben, die Lösungen für spezifische Probleme erleichtert. Alina schreibt die monatlichen Horoskope für die Website der American Assoziation oft Astrologe, die Sie auf der Website www.astrologers.com lesen können. Zurzeit schreibt sie eine wöchentliche Kolumne in der Zeitung El Nuevo

Herald über spirituelle Themen, die jeden Freitag in digitaler Form und montags in gedruckter Form erscheint. Er hat auch ein Programm und ein wöchentliches Horoskop auf dem YouTube-Kanal dieser Zeitung. Ihr Astrologisches Jahrbuch wird jedes Jahr in der Zeitung "Diario las Américas" in der Rubrik Rubí Astrologa veröffentlicht.

Rubi hat mehrere Artikel über Astrologie für die monatliche Publikation "Today's Astrologer" geschrieben und Kurse in Astrologie, Tarot, Handlesen, Kristallheilung und Esoterik gegeben. Er hat ein wöchentliches Video über Astrologie-Themen auf dem YouTube-Kanal des New Herald. Sie hatte ihr eigenes Astrologie Programm, das täglich auf Flamingo T.V. ausgestrahlt wurde, wurde von mehreren Fernseh- und Radiosendungen interviewt und veröffentlicht jedes Jahr ihr "Astrologisches Jahrbuch" mit dem Horoskop nach Sternzeichen und anderen interessanten mystischen Themen.

Sie ist Autorin der Bücher "Reis und Bohnen für die Seele" Teil I, II und III, einer Zusammenstellung von esoterischen Artikeln, die in englischer und spanischer Sprache veröffentlicht wurden, "Geld für alle Taschen", "Liebe für alle Herzen", "Gesundheit für alle Körper", "Astrologisches Jahrbuch 2021", "Horoskop 2022", "Rituale und Zaubersprüche für den Erfolg im Jahr 2022 - Zaubersprüche und Geheimnisse", "Astrologie-Kurse", "Rituale und Zaubersprüche 2024" und "Chinesisches Horoskop 2024", alle in sieben Sprachen erhältlich.

Sie hat ihren YouTube-Kanal mit Themen zu Psychologie, Esoterik und Astrologie, wo man Videos zu Seelenverwandtschaft, Reinkarnation, Körpersprache, Astralreisen, bösem Blick, Zaubersprüchen und vielen weiteren Themen genießen kann.

Rubi spricht fließend Englisch und Spanisch und vereint in ihren Lesungen alle ihre Talente und Kenntnisse. Sie wohnt derzeit in Miami, Florida.

Weitere Informationen finden Sie auf der Website www.esoterismomagia.com.

Angeline A. Ruby ist die Tochter von Alina Ruby. Seit ihrer Kindheit interessiert sie sich für alle esoterischen Themen und praktiziert Astrologie und Kabbala seit ihrem vierten Lebensjahr. Sie verfügt über Kenntnisse in Tarot, Reiki und Edelsteinkunde. Sie ist nicht nur die Autorin, sondern auch die Herausgeberin aller von ihr und ihrer Mutter veröffentlichten Bücher.

Für weitere Informationen kontaktieren Sie sie bitte per E-Mail: rubiediciones29@gmail.com